WILLIAM WALLACE — A SCOTS LIFE is the first serious biography, for younger and new readers in Scots, of one of the country's key historical figures.

The author has created an historically accurate and realistic portrait of the man in his time. Wallace is a hero, but one whose essential heroism is of a spiritual even more than a military kind.

William Wallace
a Scots Life

[signature]

23ʳᵈ June 1996

WILLIAM WALLACE

A SCOTS LIFE

GLENN TELFER

Series Editor
Stuart McHardy

© Glenn Telfer
© Illustrations Tim Pomeroy

First published 1995
Argyll Publishing
Glendaruel
Argyll PA22 3AE

**British Library Cataloguing-in-Publication
Data.**

**A catalogue record for this book is available
from the British Library.**

ISBN 1 874640 46 7

Origination
Cordfall Ltd, Glasgow

Printing
Martins the Printers, Berwick upon Tweed

Tae anither Mirren
Same place. Different time.

CONTENTS

Scots Legends

S cotland is a natioun wi a lang history. A history much langer nor maist o oor European neebors an in the centuries syne we first became a natioun there are mony fowk wha's names an stories still can mak oor herts stoon wi pride.

Sic heroes as the Wallace and the Bruce keep a glorious place in oor herts an minds while in mair recent times Scots like Baird and Bell, Napier an Watt hae made their mark upon the warld. Some Scots like Macbeth hae had their stories turned tapselteerie an we will noo tell the truth o thir lives.

Scotspeople hae made their mark in history, in industry an commerce, in literature an art, in music an in philosophy. Some o the fowk wha have had maist effect are the least kennt, like Fanny Wright frae

Dundee wha led the fecht for womens' richts in early nineteenth century America while ettlin tae destroy slavery there. Or Thomas Muir, transportit tae Australia in 1794 for darin tae try an suggest the British State coud dae wi democratic reform.

This series o *Scots Legends* will gie the real story ahint mony weel-kennt figures, an ithers deservin o bein better kennt, in the language the maist o them actually spoke — Scots. At this time when oor mither tongue is comin back tae its richtfu place, *Scots Legends* will tak a clear an necessar look at mony o the fowk wha hae made us whit we are the day — Scots.

Stuart McHardy MA, FSA SCOT
Series Editor

brave hert

INTRODUCTION

William Wallace . . .
a brave hert in a noble cause.

In writin this I aften found masel wonderin whit
attracted me tae Wallace's story. I think the answer
is that it is in his story that we first see oorsels clearly
in history. An, at a time o guile an empty talk amang
oor leaders, we hear somebody speakin simply an only
for Scotland. Whiteer Wallace did, we ken he did it
for us. That maks aa the difference.

Wallace has nae story separate frae the story o
Scotland's lang fecht tae retain her independence frae

England. We ken naethin o his interests an private life, indeed, frae the time that we first ken him he can scarcely hae had ony. Frae that moment when he drew his sword an struck doun the English Sheriff o Lanark his haill life was spent in naethin but the service o his country, oor country, Scotland.

In hard times he was a hard man. He was a man that had nae time for the faint herts an fly men in the Scottish camp. But he was also a man o honour an a realist wha woud hae understood an sympathised wi the tricky position o the great faimlies o the land. An abune aa, he kennt that ye dinnae get the best frae people by askin for less than they can gie. Wallace asked the fowk o Scotland an mony gied their aa. But if he expected muckle o them, he expected mair o himsel. Wallace stood by his principles tae his bludy end. His vision o a free Scotland, his courage an loyalty, was shared by mony in Scotland then. They kennt, as he did, that the struggle woud only be wan by puttin themsels on the line. It's a sacrifice that cams doun tae us noo.

The War o Independence was a lang time ago, but, in a wey, it still continues; oor distinctiveness as people, oor relationship wi England, oor freedom frae oor sad past, aa these things are no yet resolved. We luik tae the past, tae the lives o men an women wha stood for Scotland, tae find some answers. Of course, there's nane. Sometimes, though, ye feel a bit closer tae some sort o answer aboot courage, loyalty an vision in the service o your country. Wi sae mony feart tae say it noo, Wallace tells us that it's a noble thing tae care aboot Scotland.

SCOTLAND THEN

Oor country, a magical an vast
land wi God's stamp o freedom
marked aa ower it.

Maist o the warld's countries are comparative
newcomers. Some, though, can be found far back in
time. Scotland is one such country. A thousan years
ago somethin closely resemblin her can be seen clearly,
baith in a geographical sense an in the minds o her
people. But Scotland didnae jist appear in the snap o
a finger. Naw, it took a lot o pain, truces an treachery,
hard herts, courage, an maist o aa decent an hard

workin people tae bring us intae bein.

For numberless centuries, generation upon generation had struggled tae win a livin frae the land. It was this never-endin cycle o daily graft that built Scotland oot o the hard wilderness that was sae much o oor country. An it was this same day tae day toughness that kept the land oot o the hauns o greedy or desperate people frae ither places. Ay, sweat an tears, the swing o a sword an spilt blude were the midwives o oor country's birth.

Richt frae the beginnin o oor history, lang afore oor story here, we found oorsels jammed atween big an unruly neebours. There was the axe-weildin Vikings, only a boat ride ower the North Sea, aye on the luik-oot for land an booty. The Irish wernae far awa; cousins, ay, but weel noted for bein wild men ready for a fecht. Finally, there was England. Aye interferin. Although at the time oor story sterts there had been nae big war atween the twa countries for a lang time, aabody kennt that it was the ambition o every English prince tae turn Scotland intae the tap pairt o England.

In those days ye had tae be aye ready tae defend yersel an yer ain. For if ye wernae then somebody woud tak it frae ye. Noo, aa this fechtin, arguin an fist shakin made us intae the sort o fowk that wernae feart tae say, "These are ma people. This is ma land. I cam frae Scotland!"

The land then was their only larder an they were aye on it. Workin wi it an workin against it, fechtin an deein for it. That's the wey it was then. In the maist direct wey they were the land an it was them. The land caaed Scotland. Their country Scotland, oor country Scotland. We maun mind then that we are talkin aboot real people. We are their weans.

But whit was that country like then? Whit woud be oor impressions if we went back? The first thing we woud notice is how quiet it was. The birds, the wind, the beasts, these woud be the only noises ye woud hear ootside o somebody's hoose. Ye would notice the freshness o the air, the reek o peat fires, the rich heavy smell o kye. Scotland was a land o wee touns o fermers an keepers o kye an sheep. There were some bigger touns an some big castles an churches, but maist o Scotland was a land o sae much empty space. It was a land o wild an lonely mountains an muirs, lochs an shaws an great forests. In these wild places lived deer, boars, wolves and, sae people believed, speirits, goblins and fairies. It maun hae seemed a bigger place, mair mysterious an magical. Scotland was, as it still is, beautiful.

But Scotland was also a hard land. Oor ancestors had tae work gey hard tae survive. It was dangerous tae. Disease an starvation were neer far frae their thochts. Fierce animals roamed at will. Robbers coud strike at ony time. Aa the years o back-breakin toil coud count for naething gin illness cam or the crops failed or yer yews were stolen. People had a stronger sense o fate forcin itsel on them than we hae noo. They also had a greater ability tae endure whiteer hardship cam their wey or the self-sufficiency tae tackle it heid on. They were made tough an resourcefu. They were a proud people tae, for everything they had they deserved. Especially their country's freedom.

Oor people then saw an felt differently aboot lots o things frae the wey we dae noo. Their notions o whit was usefu or interestin was muckle different frae oors. They kennt aboot the land, haein wirds for features that oor modern een coudnae recognise. They kennt aboot the weys o the beasts that they worked. They were interested in the goins-on o their ancestors an the affairs o their maisters, faimlies an freens. Things that confused them, we can noo explain wi science. But, on the ither haun, things that confuse us they coud clearly see as the works o Heaven or mibbe Hell. They coud be jist as sensible an jist as daft as us.

An they believed abune aa in God an his will. They believed wi a depth an sincerity lang lost tae us. Their faith was the source o sae much o their strength o character an amazin fortitude. They felt the benevolent presence o God in aa they did. It was their faith that gied meanin tae their lives an tae their daiths. An they were a people wha kennt how tae die.

Sae muckle has changed syne the time o oor story.

This can mak us believe that people then were sae different frae us. But they were not. We hae their een, their faces, their hair, their smiles and laughter, their sense o fun and their temper. They were, as we are, a people made by the land an the weather. We luik back ower seeven hunner years and, despite the changes in beliefs, opinions and lifestyle, we see oorsels. We are the bairns o that race.

Noo, when it happened, the English invasion was sae terrible an event that maist fowk were ower feart tae dae onything. But there were ithers wha, feart though they woud be, thocht their duty tae their freens an country a precious responsibility an spoke up an sayd 'Naw!' tae invasion an injustice. It was these fowk wha gie life tae oor story. Fowk that loved their country wi aa their herts an woud pit themsels on the line for it, cam whit may. Sic a man was William Wallace.

No sae muckle is kennt o this man noo. Whit we can say is that the idea o the kind o people we think we are owes somethin tae these years o war wi England when Wallace was oor leader. An mibbe even the very existence o Scotland hersel, as we understaun it, can be connected wi this period o oor history. Oor history, your history, Scotland's history. Does Wallace's story say onything tae us noo? I believe that it does.

Young Days

Jist a lad, special in his ain
weys, like ony ither.

William Wallace was born aroun the year 1270 in Elderslie, near Paisley. He had twa aulder brithers, Malcolm an John, an probably twa sisters. His faimly had been in Scotland for ower a century. They were quite weel aff, haein land in Ayrshire an Renfrewshire; their relatives had land aa ower Lowland Scotland gaein aa the wey up tae the North-East. William's faither was Sir Malcolm Wallace, but although he had a title he wasnae pairt o the nobility.

An that completes whit we ken for shair aboot Wallace's early days an his faimly. The rest o the information we hae cams frae a lang poem caaed *Wallace* written aboot 170 years eftir Wallace died by Blind Harry. People yaised tae believe that the poem was mainly historical facts, but noo we ken that it's mainly fiction. Still, there may be some truth in it an it's aa we hae.

However, the absence o solid facts doesnae mean that we are left wi naethin, for we can mak some guid assumptions based on oor knowledge o the Scotland o his time. Compared wi a modern biography we may find oorsels disappointit wi the vagueness o this approach, but we maun mind that every historical figure, as we understaun them, is a creation o the imagination. In Wallace's story yer sense o the person ahint the bare banes o his story is dependent on yer ain imagination.

In Wallace's time few people had ony schoolin as we woud understaun it. An it woud probably only be in his study o the Christian faith that we woud recognise onythin that woud luik like an actual school lesson. Nevertheless, although we cannae be shair aboot the details o his education, we can mak guid guesses as tae the sort o thing he woud hae learnt. Wallace woud hae been taught aa aboot his faimly history, legends wi heroes an villains an stories o the speirit warld, this was considered important knowledge in those days. Poetry an music were the main forms o entertainment an the ability tae recite really lang poems an tae sing was highly regarded. The ability tae dae this weel depended on great pooers o memory for naethin was written doun tae help ye.

Certainly he woud be taught practical things connected wi his faimly's position as landowners; things tae dae wi managin an estate, beasts, tenants. Ane thing we can be certain he learnt was the martial arts: the use o sword, dirk an shield, bow an spear. Somehow it's easy tae imagine him as a guid student when it cam tae practisin wi his bow an arra.

Wallace woud hae grown up probably speakin three languages equally weel: Scots, Gaelic an French. The auld version o oor ain Scots tongue was the main language o Lowland Scotland in Wallace's day, but eneuch Gaelic micht hae been spoken tae mak kennin the twa languages a necessity. Gaelic micht hae been the language o some o William's relatives wha lived in the north o the country. French was the first language o the nobility, as it was in England tae, an onybody wi connections tae the nobility woud naturally speak it. There can be nae answer tae the question as tae whit was William's preferred or first language, or even if he had ane, but maist experts agree it woud be Scots.

Compared wi oor ain times, in those days a person's job prospects were mair limited. Whit ye coud dae really depended on whit yer fowk did. As the youngest son, William woudnae necessarily hae great prospects aheid, but he could be assured o a comfortable, if modest, life. Traditionally, younger sons frae the middle sorts o faimlies went intae the Church. This may weel hae been William's intended future for it is sayd by Blind Harry that he was educated by uncles wha were priests, firstly at Dunipace an later at Dundee. If this is true he woud hae been taught Latin an probably tae read an write. This was a rare skill in those days.

We may wonder aboot the great strength o William's love for his country an it's liberty an ask whaur it cam frae? Blind Harry's poem tells us that while he was studyin for the priesthood he was inspired by his uncle wha telt him the stories o aa the brave people o aulden times wha focht an died for their country.

There may be some truth tae this. For in those days the Scottish Church was fiercely patriotic an mony priests were soon tae be numbered among the unkennt heroes o the camin war.

But the main pairt o yer feelins for yer country cam frae yer faimly an community. Noo, Scotland then was a very tribal sort o place an Scots were very aware o the distinctions atween them an ither Scots — speech differences, differences in appearance an manner — but they were also aware o the common bond that united them. A bond o shared history an loyalty tae land an sovereign. A bond that had cam frae a distant past. Something Celtic in its origin. An first gien shape by the Romans an their waa. Then later refined by the Celtic Church wi its reverence for the land. This bond was greater than aa the differences.

It was this sense o that bond that William was exposed tae as a youngster. An, no jist William. Frae the grandest tae the poorest, man an woman, young an auld, whaureer they cam frae, oor ancestors were tae show that William certainly wasnae alane in his feelins for his country. As for William's big hert, mibbe ane jist as big is there inside us aa.

Whit else dae we ken? Naethin! But as we ken the man, sae dae we ken the bairn. He woud hae been sturdy, adventurous, a lover o action. We can easily see him playin at sodgers. He must hae been a proud bairn an nae a feartie, ane wha woud staun up for himsel an ithers tae. The sort o boy wha woud mak a guid, true freen. Mibbe he was jist ower determined for his ain guid sometimes an mony an admonishin clyp aboot the lugs maun hae been his fate. He seems tae me in lots o weys an unlikely person for a priest an, for us at least, it's mibbe jist as weel he wasnae ane.

THE STERT O IT AA

Scotland an England —
twa natiouns at peace wi each
ither, but brocht tae war by
accident an ambition.

Trouble can aften turn up oot o naewhaur. So it was wi Scotland. Prior tae the tragic events o oor story Scotland had been a peacefu an prosperin land for a generation. Then, ane stormy nicht in March 1286, oor king, Alexander III, reckless tae win hame tae the erms o Yolande, his new bride, accidently rade his horse richt ower the cliffs at Kinghorn in Fife. It was bad, black weather that nicht he deid. It was a bad, black nicht for Scotland in ither weys tae.

There was only ane direct claimant tae the throne o Scotland an that was the King's grand-dochter, Princess Margaret. Her faither was the King o Norway. Although she was only thrie years auld the wee Princess frae ower the North Sea was made the Queen. A group o powerful nobles an kirkmen, caaed the Guardians, were apppointed tae rule the kingdom in her name until she was auld eneuch tae dae it hersel.

The major problem wi the princess was the question o wha woud mairry her, for whiteer faimly coud arrange the match for their son woud win Scotland. King Edward o England was naturally keen tae promote his ain son as the ideal groom. An it was made sae wi a treaty in July 1290. King Edward had tried tae get the negotiators for the princess tae surrender certain Scottish richts an laws, but they had totally refused tae dae this. He wasnae too concerned aboot this knock back, for Scotland woud effectively cam under English control when his son mairrit Princess Margaret. It wasnae tae be!

Within thrie months Princess Margaret was deid. King Edward's hopes for Scotland had cam tae nocht. It wasnae clear wha woud be the new king. Robert Bruce an John Balliol, twa o Scotland's maist powerful nobles, were the main contenders, but there were ithers in the contest. Each had strang cases for themsels an too mony, it was feared, were prepared tae put haun tae sword when they sayd, "Me!"

It luiked like a civil war was aboot tae brak oot. Oor bishop o Sanct Andra's wrote tae King Edward an asked him tae solve the problem by bein an impartial judge an fairly luikin at the case o the claimants an decidin by law wha had the best claim. We dinnae ken if ilka body agreed tae the bishop writin tae King Edward, or if they fully kennt o it in advance, but once King Edward agreed there was nae gangin back on it. If King Edward played fair there was some sense in him bein the judge; he was ane o the maist powerful kings in Europe an naebody woud argue aboot his decision. A civil war woud be avoided.

It is at this point in oor story that ye find that English an Scottish historians aften disagree. The English historians think that King Edward's intentions tae the Scots were honest. The Scottish historians think that frae the beginnin he was seekin tae undermine Scottish independence an hopin tae create a situation in whilk he was the maister o oor land. Whiteer his eventual intentions, King Edward, frae the beginnin, yaised his influence as judge tae force the Scottish claimants tae surrender certain pairts o Scottish independence an tae recognise him as their legal maister. King Edward was insistent that the Kings o England were owed these richts. The Scots sayd he wasnae. But King Edward got his wey an forced the competitiors for the Scottish throne tae recognise him as their overlord. The Scots wha protested at this were telt that their opinion didnae maitter.

Finally, in November 1292, King Edward chose John Balliol, Lord o Galloway. This was a fair decision. Balliol was crouned King John the First o Scots. Even at the stert o his rule no aabody was happy wi Balliol as king. Some people because they had supported somebody else tae be king. Ithers because Balliol had sworn an act o fealty tae King Edward when he was at Newcastle. Noo whit this meant was that Balliol agreed tae recognise King Edward as the overlord, the real maister, wha was allowin Balliol tae be king in his ain country. Noo, the Scottish people were proud o their independence — they didnae like whit Balliol had done. But maist people also kennt that Balliol had nae choice ower the act o fealty. King Edward was jist ower powerful tae be opposed in this maitter.

The Scots didnae hae tae wait lang afore King Edward sterted acting the pairt o overlord, interferin wi the governing o Scotland, the church, decisions made in Scottish courts, tellin King John whit tae dae. Poor King John was findin oot the real price o bein picked by King Edward. He was startin tae luik like a puppet. Mony Scots were beginnin tae feel that the dignity o Scotland was bein lessened by King Edward's bullyin an by King John giein in tae him.

Noo, King Edward at this time was involved in a war wi the French. He telt King John that he wanted hauners frae Scotland. He felt that he had the richt tae dae this because he was the overlord. The Scots had nae quarrel wi the French. They made it clear tae King John that they were seeck o bein pushed aroun by King Edward an had nae intention o helpin him in his war wi the French. Under this pressure King John sayd "Naw!" tae King Edward an immediately made a defence treaty wi France. Aabody kennt that King Edward woud be furious. Scotland prepared for war wi England.

Mibbe King John thocht that he coud unite Scotland ahint him an that King Edward woud be ower busy wi his problems in France tae want tae fecht wi the Scots. Mibbe he hoped that he an King Edward coud cam tae some new arrangement that woud avoid a war an get the English king aff Scotland's back. But King John's hopes an intentions cam tae nocht for King Edward wasnae a man tae mess wi. He rushed back frae France wi his army intendin tae learn the Scots a sair lesson. The Scots struck first an invaded the North o England. The Scots campaign was ineffective an they had retreated hame by the time King Edward's Army arrived. The English totally destroyed Berwick upon Tweed. It is sayd that every single person found in the toun was killt.

News o the atrocity fired the Scots, revenge was

on their minds. The chance for it cam very soon. At Dunbar they let their herts rule their heids an flew intae the English. That glorious charge o the wild Scots didnae panic the English sodgers. They had done a fair shair o fechtin in the previous years against the Welsh an the French. They had the experience an the resolve tae cope wi it. It was soon ower wi. Totally defeated, the Scots flew afore the advancin victorious English Army.

King Edward chased King John hauf wey up Scotland. The Scottish King kennt it was ower for him an finally surrendered his kingdom. King Edward made him say sorry on his knees lots o times in different places jist so the Scots woud ken wha was the maister noo.

Eftir settin up things in Scotland as he wanted them King Edward went hame. But he didnae gang tae England alane. He took King John as hostage an aa sorts o valuable things frae Scotland. Included amang the booty was a muckle slab o stane that the Kings o Scotland had aye been crouned upon, the Stane o Destiny. It was the very symbol o oor independence. Afore he left he made aa sorts o important people promise tae recognise him as their maister an he made them sign their names as proof o this. The list is caaed the Ragman Rolls. The name o Wallace isnae on it.

King Edward gaed back hame tae his plans for

war wi France. He left ahint him aa the sodgers an officials he needed tae run Scotland as pairt o England. Five years eftir bein asked tae help the Scots reach agreement on their new king, he was their king!

Naebody kens whit Wallace was daein during this period. But kennin how Wallace felt aboot his country he woud certainly hae wanted tae fecht the English. There's a guid chance, then, that he was wi the Scots Army an took pairt in their shamefu retreat eftir their defeat. He woud hae realised that a conventional war was oot o the question for the English were ower powerful. He woud also hae kennt that mony o the Scots nobles were in twa minds aboot supportin ony further resistance tae King Edward for they were feart o losin their land an titles. Resistance woud cam frae people wha's duty tae their country was clear tae them an uncomplicated by circumstances. People wha were prepared tae live as outlaws an strike at the enemy's weak spots. This woud be nae war o grand knichts an wavin banners; naw, this woud be lang, hard an dirty. Ambushes, raids, destruction o English property an assassination woud be the only wey tae wear doun the English.

The war was hardly ower when resistance tae King Edward's new rule sprang up. Wha were these fowk wha daured tae gae against King Edward? Some woud hae been sodgers frae the defeated Scots Army wha wanted anither try, some woud be people wha had a personal claim on the English as a result o the bad things that had been happenin, but maist woud be the ordinary fowk we spoke o wha jist loved their country an wantit it tae be free.

But we maun mind that oor cause wasnae jist served by men that carried the spear, for a war isnae won solely by fechtin. The people in the backgrun are jist as important. Frae the brave churchmen wha worked tae unite support for oor struggle at hame an abroad tae the wife wha shared her roof an food wi the Scots Resistance. They are aa patriots. Their names are your names.

the murder o the Sheriff

WALLACE ARRIVES

Scotland needed a hero tae
inspire and unite it.

Sir William de Haselrigg was the English Sheriff o
Lanark. It was wi men like him that the English ran
the country. He was unlikely tae be like the evil figure
o Scottish legend, but he woud certainly hae been
ruthless an understaunably a bit paranoid. The Scots
woud hae hated an feared him. The troops he
commanded an the justice he gied oot were the maist
obvious symbols o the hated English rule.

In May 1297, on the day o the county court, Wallace

an his men slew Haselrigg an his staff. This was a major blow against English domination an is the first time we hae concrete proof o Wallace in history. The toun woud hae been in uproar. Outraged an feart, the English coud see the rebellion had taen a new turn for the worse. Awa frae English een a few celebrations woud hae been the order o the day; the sheriff an his hird chibbed doun, aye! Ye can imagine the effect o this on the morale o the Scots freedom fechters.

Exactly how it was dune we cannae say. Blind Harry's poem has Wallace seekin revenge for the murder o Mirren Bradefute, his wife or wife tae be, by Haselrigg. He has the sheriff's assassination takin place in the middle o the nicht. Eftir wipin oot the guards, Wallace kicked in Haselrigg's door.

Haselrigg cried oot, "Who's making all that noise?"

"Wallace!" oor hero shouted. "The man ye're luikin for!"

Ye can almaist feel the grue runnin up Haselrigg's back at these words. He tried tae escape frae Wallace intae the safety o the darkness but his time had come. Wallace split his heid doun tae the collar bane wi a single swing o his sword an then dragged him doun the sterrs where he was chibbed again jist tae mak shair. Haselrigg's hoose was then pit tae the torch.

Can ye imagine the scene in the street that nicht? Hooses burnin, horses panickin, groups o men wi torches an bludy weapons, clash o sword on sword, a swish followed by a dull thump as an arra finds its target, curses an dugs barkin, people cryin oot wi fear in their voices, shoutin, "Whit's happenin, Whit's happenin?"

But nae maitter how fancifu Blind Harry's version is, it certainly conveys the bold an violent nature o the deed. We maun also mind that the killin o the sheriff had tae be a carefully planned operation. The sheriff didnae need tae be telt that he was a marked man; he woud hae had a bodyguard. These woud hae tae be dealt wi — Wallace coudnae jist fly in an gie him the blade. Carefu plannin backed up wi boldness was tae be the wey Wallace did things.

Wallace wasnae the only yin resistin English rule. By the time o Haselrigg's murder the English authorities were haein a hard time keepin the lid on whit was a country wide rebellion. We arenae shair how it was organised or wha, if onybody, was plannin it aa.

The English, though, were in nae doubt as tae the ultimate cause o the problem. They blamed the Scottish Church for encouragin the rebels. An in this they coudnae hae been far aff the mark, for the support o the church was absolutely crucial. Wi mony o the nobles in twa minds aboot whit tae dae, it was the church wha gied the rebellion credibility an the rebels unflinchin support. An the rock at the centre o oor church, ane o oor country's greatest patriots, was

Robert Wishart, the Bishop o Glasgow.

It is also clear that the rebellion wasnae the creation o the Scottish Church. The real source o the rebellion was tae be foun in the herts o men an women aa ower Scotland.

A Tough Man

That sword swing against
Haselrigg made Wallace
Scotland's maist wantit outlaw
an its natural leader.

We shoudnae be surprised that we dinnae ken onythin aboot Wallace's movements afore Haselrigg's murder. In those days people didnae write things doun the wey they dae noo. People minded events through stories, poems an sangs. These hae been lost tae history for a lang time noo.

Only Blind Harry's poem gies us stories o Wallace afore Haselrigg's murder. He has Wallace, assisted

by his close freens Gray, Kerlie an Stephen o Ireland,
avengin insults an meetin the challenge o arrogant
English strongmen an sword champions. The English
an traitorous Scots are hacked doun at every
opportunity. Women, weans an priests are the only
fowk o English blude that are spared the blade.

But the Wallace o Blind Harry's tale is ower easily
ruled by fiery emotions, ower reckless tae lead men.
The hard, canny survivor wi nerves o steel an an iron
will that was the real Wallace woudnae hae risked
himsel or his forces in the wey Blind Harry's poem
leads us tae believe. But we dinnae mak the real
Wallace ony less heroic by sayin that these stories
are tall tales. Wallace didnae becam the leader o rebels
by bein a timid sort. He required great personal
courage, great physical toughness, great audacity an
great strength o speirit; aa the qualities o a real hero.

Danger an hardship were the rebel's constant
companions. The Scottish rain running doun the back
o your neck, the cauld winds, damp leather, wet feet,
a damp morn's wakenin wi stiff banes on the hard
earth. The fireless camp wi only a stane tae sook tae
haud back the rumble o your belly, the puir horses
haein only the hard iron o the bridle for their
sustenance. The odd sound that maks your hert race
and has ye fittin an arra tae the bowstring. There is
nae romance in this life inside a bouffin suit o chain
mail. Hearin kind words an warnin o danger frae the

people but, at the same time, searchin their een for the traitour's smile.

The hours in the saddle, the hours o watchin an waitin, the terrible tension o the wait. An then, the rush o arras. An ambush. The glaur an blude mixed freely in haun tae haun combat. Sword on sword, axe against spear, the frantic search for anither cross-bow bolt, the spillt blude in the dust. Nae opportunity was owerluiked tae gie the English an their Scottish supporters their cam-uppance — Chib them doun whaureer they are, burn their castles, steal their money an supplies! Ye hae tae be a hard man for this sort o thing. Wallace showed he was the maister o it.

People then wernae ony mair hertless or cruel than at ony ither time in history. An before the war the English and Scottish people hadnae been enemies. But this war o invasion and resistance was, by its very nature, exceptionally cruel, and people's herts were quickly hardened.

In a mad feast o violence Scottish resistance and English domination grew eer mair bigger and crueller by feeding aff each ither. Lochs o tears filled on baith sides o the border were prufe that the Scot an the Englishman were evenly matched in cruelty an depravity. There was nae surrender, there was nae prisoners. Onywey, haein but a sma force an nae fixed base, Wallace coudnae tak prisoners even if he wanted tae. If ye were captured ye woud expect tae be gien the chop. An, ay, ye woud be!

As news o Haselrigg's killin spread, the rebellion against the English was gied a muckle boost. Wallace becam the maist famous man in Scotland. People flocked tae jine him. Soon Wallace was leadin a large body o rebels on horseback. Wallace an the ither rebels in different pairts o the country wernae yet ready tae face the micht o England on the battle field. So the guerilla tactics continued. Wallace woud attack the English an cause as much trouble as he coud an then ride awa afore they coud bring alang extra sodgers. Tae fecht this sort o war ye hae tae be constantly on the move an ye hae tae ken whit the enemy is daein. Ye need, abune aa, the support o the people. The Scottish people supported the rebels, nae doubt quietly at first, an as the rebellion grew in strength an confidence, then mair openly.

When Wallace jined up wi Andrew Murray, wha led the rebellion in the North-East, the gemme was ower for the English. Ootside o Berwick an some castles they had nae pooer left by the summer o 1297. The government o Scotland was back in the hauns o Scots. Whit woud King Edward dae next? Few were in ony doubt!

THE NOBLES
AN THE ENGLISH

Mony Scottish nobles supported
the rebellion, but did sae
secretly. They feared
punishment frae King Edward.

While Wallace was daein aa the fechtin maist o the
nobles an big men had been pretty quiet. The sair
lesson learnt at the battle o Dunbar didnae need
repeated. Some o the nobles supported Wallace, but
secretly. They were still feart o King Edward.

Mibbe they were inspired, ay an no a wee bit
shamed tae, by Wallace's example. Perhaps they were
also feart that if Wallace was successfu then they woud
be left oot o things. For if Scotland won her

independence back then the powerful nobles woud be the yins that had helped in that fecht an wha commanded the successfu army. So, takin advantage o the turmoil that summer, they decided tae hae anither crack at the English an they created an army oot o their followers an tenants.

Wallace maun hae been pleased by this for the Scottish cause took a big loup forrit. King Edward woud be pleased tae, for this rebellion o the nobles was the sort o situation that he coud deal wi. An army was quickly sent tae Scotland.

The Scottish nobles met the English army at Irvine. But, seein yince again their auld conquerors returned, the fear o daith was put intae the Scottish herts an they decided tae negotiate wi the English instead o fechtin them. Tae the immortal shame o their country the Scots nobles finally surrendered tae the English on 7th July. The Scottish nobles' rebellion was ower. Neer had the English won a battle sae cheaply an neer had the Scots lost sae much pride in defeat — an no a man amang them wi even a blister tae show for it. We can still imagine the cruel jests in the English camp that nicht. But unkennt tae these same English sodgers was the fact that the true Scottish thistle hadnae been trampled doun by their parade o strength.

If Wallace had been pleased at first by the nobles' rebellion he woud hae been scunnert an bitterly disappointed at the end o it. But, mibbe no entirely surprised by it. This surrender by the nobles proved tae Wallace, Murray an the ither patriots that they coudnae rely on their country's natural leaders. For the present, they woud hae tae dae it aa alane.

But some guid hae cam oot o this disappointin event. For the English army had been tied doun at Irvine while the negotiations were goin on. This left Wallace free frae interference tae build an train the Scottish army. The English were in nae doubt that the Scottish nobles deliberately strung oot the surrender negotiations for this very purpose.

The people wha jined Wallace in the forests o Selkirk that summer kennt the justice o Scotland's cause an felt a strang sense o duty tae their country. But it was Wallace's speirit that turnt these feelins intae the courage tae staun against the michty English on the field o battle. It was speirit that turnt individual beliefs intae a collective will that sayd, "Let's dae it!"

For Wallace tae create an army tae fecht for Scotland at the same time as the country's normal leaders had abandoned that same fecht because o the presence o a mair powerful enemy was truly a great achievement.

It's easy noo tae be hard on the Scots wha surrendered at Irvine an left the fecht tae Wallace. Maist o them loved their country but felt their hauns tied. The leaders o this rebellion, ye maun mind, were rich an titled. They had a lot tae lose if they drew a sword against King Edward again. An seein the tough, experienced English knichts made them think again an decide that mibbe this wasnae the richt time eftir aa. No aa o them felt that wey, but the yins in favour o the fecht were voted doun by the mair cautious an the mair feart.

Meanwhile, in the Forest o Selkirk, the people wha were scunnert wi those wha sayd, "No me", an "No this time aroun" were gangin tae Wallace.

"This time for Scotland!" "Ay, me!" These were oor ancestors, they were ordinary people an at the same time heroes.

STIRLING BRIG

The English victory at Irvine
was an empty yin for they
didnae gain ony control o the
country an they hadnae
addressed themsels tae the big
problem — Wallace.

By August 1297, Wallace had cleared Fife an
Perthshire o English rule an, jined up wi Murray wha
had liberated the north an east, was siegin Dundee
Castle. It was clear tae the English that Wallace had
tae be bate in battle or made tae surrender. An it had
tae be done soon afore he took aa the castles an touns
oot o English hauns.

The English army advanced tae Stirling. Wallace

an Murray's force marched ower tae meet them there. The days o the guerilla fechtin were ower. It was time tae tak their freedom back. There was only yin wey tae dae this: destroy the haill basis o English authority in Scotland; the English army. Also, if we were tae get ony help frae oor European neebours we woud hae tae prove tae them that oor claims o independence were credible an we were determined tae stey free. An the only wey tae dae this woud be tae expell the English by force o arms.

The 9th o September found the twa armies at Stirling ready for it. Noo, at this point some o the Scots nobles turned up an offered tae negotiate some deal atween the Scots forces an the English. These Scots nobles didnae want tae see a massacre o the Scots sodgers. They were really on oor side, but as we ken, they were too feart o King Edward tae gie us hauners. They wanted tae reach an agreement similar tae the yin at Irvine. Also, mibbe, yince again, they were wastin time tae help extra Scots turn up for the camin battle, if it was tae cam tae a battle.

Wallace an Murray, ye can imagine, wernae for the talkin, there had been eneuch o that at Irvine. The English gied the Scots a last chance tae surrender on the mornin o the 11th.

Wallace's reply, "Tell your commander that we arenae here tae mak peace, but tae dae battle an tae defend oorsels an liberate oor kingdom. Let them cam on, an we shall prove this in their very beards." So it was tae be a battle then.

The armies were divided by the River Forth. The English were on the side o the toun an castle. We were on the ither side, on the high grun called Abbey Craig, whaur the Wallace Monument is noo. We had aboot five thousan sodgers, nearly aa o them spearmen. The English army mibbe had twice that number, wi lots o cavalry tae. The English were feelin confident — eftir aa, they had only the month afore scared a Scottish army intae surrender. An they had an even lower opinion of the Scottish army that faced them noo, caain them rogues an thieves.

Some o the English urged caution in gaein ower the wee brig which separated the twa armies, but Cressingham, ane o King Edward's Governors o Scotland an ane o the commanders, was keen tae get the fecht ower wi as soon as possible. An the maist direct route tae the Scots was by the brig. He insisted on his army yaisin it, perhaps fearin that too much time spent readyin his army woud allow the Scots tae retreat.

Like Wallace, Cressingham was anxious tae settle the problem o wha ran Scotland. As Cressingham saw it, there had been ower much time wastin, an aa at King Edward's expense tae. The Scots were jist ower the brig — "Get ower there an intae them afore they changed their minds like at Irvine." A thumpin victory

Stirling Brig

woud be a perfect endin tae a frustratin summer.

But Cressingham didnae realise that he was dealin wi a completely different set o Scots entirely. So the English sodgers crossed the wee brig.

Then, jist when a certain number o English had assembled on the Scots' side, the Scots flew doun the brae an intae them. It was jist as some o the experienced English sodgers feared woud happen.

Things happened gey quick noo. The English cavalry coudnae operate wi aa the glaur an dubs o the river bank. Soon the Scottish spears drave them intae the river. Extra knichts coudnae get ower the brig tae help them. An onywey, whether frae the wecht o aa the men an horses, or due tae Wallace haein it weakened aforehaun, the brig collapsed. So that meant that the English on the Scots' side were trapped. It was tae the daith noo.

We can guess their feelins, for they woud hae kennt their fate. The mass o Scottish spearmen pushed forrit. The English at the sharp end were killt, the anes at the back were shoved intae the water an, wi aa the wecht o armour, droont. The Scottish archers fired their arras intae the middle o the stramash, causin even mair confusion. Ony English that tried tae escape alang the banks o the river were chibbed doun by Scottish infantry.

Whit a fierce mess it was. The Scottish cries o triumph mingled wi the curses an pleas o the defeated

English an the fearfu whinin o their horses.

The English on the safe side o the river, seein whit had happened, fled for Berwick. The anes that didnae hae horses were wiped oot by the Scottish nobles wha, seein how things had went, finally decided tae cam in on oor side. Mony o the English casualties that day occurred eftir the battle. Fleein, disorganised an lost sodgers mak easy victims. Whit had started as a battle, ended as a massacre.

It was a great day for the People's Army, for Wallace an Murray their commanders, for Scotland. English losses were very great an it spelt the end o any possibility o the English regainin control o oor country. It wasnae aften foot sodgers bate knichts on horseback. It says muckle for the quality o leadership an courage that this army o common fowk coud tak on an bate professionals.

Stirling Brig was a great an significant battle. It was the confidence booster that the Scots' cause needed. It proved tae oor supporters abroad that we were resolved an able. Oor losses were relatively light an only a bad injury tae Murray had potentially serious implications for oor cause. Despite oor daiths an injuries, there was muckle tae celebrate. Aa the plannin, the hardship, the uncertainty o the dark days syne the Battle o Dunbar had been put richt — the English had got their fairin.

Intae England

A battle was ower, but the war
was still tae be foucht.

The battle o Stirling Brig made Wallace baith the
saviour an the leader o his country. His authority
coudnae be denied by onybody an he didnae waste
time by bein falsely modest aboot it. Nor did he shirk
frae the enormous task that had sae suddenly cam
tae him.

A special commmittee o nobles an bishops made
him an Andrew Murray the Guardians o Scotland.
This made their pooer an authority formal an

legitimate. Ane o their first decisions concerned the army. It was still rarin tae gae an ettlin for revenge. Eftir the celebrations, Wallace took the army tae Berwick an recaptured it. Murray had tae be left ahint as his injury was gey serious. Wallace then started his preparations for his next plan; the invasion o England. By October they were ready. He wanted tae learn them a lesson they woudnae forget in a hurry.

An whit a lesson! Naethin human coud stop Wallace's victorious Scots army as it swept aroun the North o England. The sodgers took a cruel revenge on the English people. The yins that didnae escape were put tae the sword. Onythin that coud be stolen was stolen, onythin that coud be burnt was soon in flames. It was bad luck tae be English that autumn.

King Edward was ower the sea in Flanders wi his army an Wallace had destroyed (at Stirling) the ither English army, so the English people were totally defenceless. The only thing they coud dae was pray. So they got doun on their knees an prayed tae ane o their local sancts — he was caaed Sanct Cuthbert. It was supposed tae be him wha sent the terribly cauld weather that near froze the Scots tae daith.

They got the message aaricht. It was time they were gaein hame. It was November by this time. Winter was on them an aabody wanted tae be at their ain fire. They woud hae lots o tales tae tell. It had been a lang year.

For Wallace, though, ye can be shair that there was nae sittin aroun a fire tellin o oor successes in the war. There was muckle tae be done if Scotland was tae keep her newly won freedom. An Wallace woud hae tae dae it aa alane for Murray had died while the army was sackin England. Wallace was noo the sole Guardian.

The task o Guardian was yin that demanded mair nor military genius. But nae for Wallace the chance tae ease intae the task. In the space o six months he had cam frae bein an unkennt ootsider in the great events o the time tae bein in the position o supreme pooer in his ain country. Suddenly aa that responsibility was his. It was a task that demanded great boldness o speirit as weel as intelligence. Yin wrang decision an wha coud tell whit woud happen?

Wallace woud hae tae finance an train the army. He woud hae tae keep freens wi ither countries wha micht help us. He woud hae tae encourage the nobles in Scotland tae jine oor cause an, if they did jine up, keep them frae bickerin amang themsels. An it neer took muckle tae get the Scots nobles tae draw dirks on each ither.

Bringin the Scots thegethir tae face a common foe was the hardest task. Then, like noo, we found it hard tae aa chip in thegether an forget oor differences for the common guid. Wallace had the church an the people ahint him, but some o the really big nobles were still ambiguous. Basically, they didnae want tae side wi Wallace only tae get bate by King Edward the next year. Also, some o them wernae taen wi the idea o a man o relatively humble birth runnin the country. The fact that Wallace had been made a knicht an was noo Sir William hardly made ony difference tae this feelin. But maist o these nobles held their wheesht at this time for Wallace was very much in charge.

King Edward contemplates the problem o the Scots

In Pooer

1297 ended wi Scotland free
yince mair.

It had been a momentous year. At the Hogmanay perty
there maun hae been some wild celebratin. But ahint
aa the toasts an cheers there was a dark an fearfu
shadow lurkin. An King Edward o England was in it.
He woud be back.

Wallace kennt that the present liberation o
Scotland woud be a temporary thing. King Edward
woud hae tae be defeated mair decisively than at
Stirling an the English people punished mair sairly

than the recent terrible Scottish raid o the North o England for him tae gie up the prize. The only wey we coud dae this was by shawin a tremendous unity an staunin thegither. Aathin depended on this. The creation o this unity was Wallace's great task as Guardian o oor country.

Luikin back it micht seem tae us that unifyin the country woud be nae problem. Eftir aa, very few Scots were in favour of King Edward's attempt tae incorporate their country intae England, even the canny yins an the collaborators. But life then was mair complicated than it may seem tae us. People didnae live in a time o simple choices. We luik back on the bare banes o history an miss aa the subtle forces that animated oor ancestors' lives. But although we cannae see these forces, we can imagine them. Personalities, opinions, obligations tae freens an relatives, a haill universe o ideas aboot fate, justice an honour unkennt tae us — these are whit lie ahint the choices oor ancestors were faced wi.

They were jist as tied up in politics, jist as thrawn in their ain ideas aboot whit was richt an jist as concerned tae watch oot for their ain faimly an freens as we are. It is these easy tae understaun human feelins that lay ahint what can seem like an incredibly complicated situation. Ay, an yin mair thing. If ye choose wrang, ye may pey for yer choice wi yer life.

The Scottish nobility were the group maist

constrained by circumstances. For a stert mony nobles had estates an relatives in England an some probably considered themsels as members o a rulin elite rather than Scots or English as such. Others woud hae considered themsels like dual citizens an woud be aghast at haein tae choose an allegiance. Mony were confused.

Aware o the pressures that woud force the Scots nobles tae oppose him, King Edward had taen hostages, mainly sons an dochters, jist tae mak shair the nobles woudnae change their minds. Then there was the backgrun politics tae consider — wha woud be the King o Scotland?

No aabody wanted King John back, especially the Bruce faimly wha aye had hopes o winnin the throne. A lot o the hummin an hawin was aboot this — should the Bruces an aa their supporters fecht for Scotland an tae hell wi the consequences? Should they tak the lead in the fechtin or stey in the backgrun? Should they fecht tae help King John win the Scottish throne back? Should they try tae be pally wi King Edward in the hope that he, or the next English king, woud gie them the Scottish Croun? There coud be nae easy answers tae these questions for the Bruces.

Aa the noble faimlies in Scotland were ultimately roped in tae the Bruce versus King John question. They were for Scotland aaricht, but mibbe no if auld rivals micht end up better aff. An there was a fear that if King John cam back he micht want tae punish onybody wha didnae dae aa they coud for him.

Ye can see this is a really tricky puzzle. Despite the Scots' successes, the reality was that King Edward woud be back. He was famous for neer giein up. If the nobles went against him they risked losin aa. Freedom o conscience for the nobles was tae be bocht at a high price — the loss o estate, fortune an, maist important o aa, the failure tae satisfy their signeurial obligations tae their dependents an peers. The nobles wernae aa that free tae follow their herts as ye micht think. In the years that followed the war, mony hae found it easy tae criticise the nobles as a duplicitous an cowardly bunch, but I believe that such critics hae been unaware o the political an cultural backgrun.

It is in his wark as oor Guardian that we see anither side o Wallace, ane that is ower aften owerluiked, his intelligence. It's obvious that naebody coud even consider tacklin this task wioot a subtle mind an great organisational skills. It was an endless, exhaustin task. Sortin oot the army, receivin intelligence reports, news frae abroad, organisin meetins, makin plans. He wasnae a man tae mince his words an ye micht imagine that some o the faint herts in oor struggle were mair feart o him than even King Edward. In these hard times Wallace didnae back awa frae yaisin hard words. An some o the yins in twa minds aboot jinin the Scottish cause maun hae been persuaded that bit mair wi the thocht that their heids coud weel be luikin oot frae a basket if they wernae carefu. This was nae job for a sword wieldin muscleman (although Wallace was certainly that as weel). This was a jugglin act o the greatest complexity.

Scotland's different regions supported mony different faimlies and clans and races o people. Aften they luiked different and spoke separate languages. Even when aa these different Scots agreed, bringing them thegither and working oot a common plan was a gey difficult thing tae dae. The forces that made Scotland strang, the independence o speirit, the hardiness, the loyalty tae faimly and freens, the willingness tae fecht and that wild streak, were the selfsame forces that coud blaw it apairt. It required diplomatic skills o great subtlety and muckle ruthlessness tae satisfy the great diversity o Scots.

Wallace was intimately aware o the obligations, deals, understandin an rivalries that baith held the country thegither an threatened tae pu it apairt. Nobles, Churchmen, Burgers, Chiefs an Lairds, the common people in aa their wild diversity, had tae be kept on the same road. This caaed for an instinctive feel for when tae push softly wi a point an when tae force it. Wallace woud need the common touch an the ability tae deal wi the nobles on an equal footin, but wioot offendin the codes o propriety that existed then.

During this period Wallace maun hae been

practically livin in his saddle. We can see him an his hird ridin ower a landscape o snaw. Aa wrapped up in muckle ridin capes. Breath frozen in the air. Swords aye handy, jist in case. We can imagine the strain, the tiredness, the uncertainty, takin it's toll. We can see him in great halls, back tae a roarin lowe, debatin if the Pape was gaen tae cam oot in oor favour.

The greatness o Wallace is proved durin this time. For he had great pooer an woud hae been able tae dae favours tae his cronies an kin, fill his sporran wi gowd an siller an, it was a real possibility, negotiate a surrender wi King Edward an dae quite weel for himsel oot o it. Naebody can tell hoo they woud staun up tae the temptation o sic pooer an mony a guid man jist woudnae be able tae resist the chance o daein themsels a favour.

Ane thing we can be shair o is that if Wallace had abused his pooer then we woud hae heard o it — the English woud hae made shair o that! Wallace served yin cause — oors, Scotland's an her richtfu king's. He was aye carefu tae say that in aa his letters an statements.

Even mair extraordinary is how Wallace was able tae command sae effectively an inspire sae mony. For neither by birth nor trainin was he prepared for it. There's nae answer here. An the nearer ye get tae greatness the harder it becams tae understaun. Mibbe we've aa got the courage an vision an faith wi'in oorsels. Wallace was jist able tae find it at the richt time.

Crisis followed crisis. Aa Wallace coud hope for was tae keep the cause rollin an keep the country frae collapsin intae a civil war. Mair than onybody Wallace had pulled us back frae the brink o national suicide, but we hae tae mind the ithers that pitched in wi him. The hard, hard men o the original resistance gangs that did the cruel swordwark that started the ba rollin. The thousans o fowk that did care aboot Scotland an her freedom an tuik up spear tae prove it. The men an woman wha coudnae fecht, but gied the rebels succour at a time when tae dae sae coud get ye yer haun, or mibbe heid, cut aff. The nobles wha put aside the complications o their position an flung themsels intae the cause. An the brave men o the church wha showed the future that speirit wasnae jist somethin the Church blethered aboot nor bravery somethin that coud only be proven wi a sword.

Whit these people were riskin gradually becam evident in the summer o 1298. King Edward cam back frae Flanders in March an was personally set on sairly punishin the Scots. He was an angry man.

Falkirk

THE BATTLE O FALKIRK

When King Edward cam hame
frae France he
immediately set aboot plannin
the invasion o Scotland.

King Edward formed a big army which contained mony knichts an archers, baith o which the Scots were waefully short o. He had arranged for the army tae be supplied by ships drappin aff supplies. By July he was at Roxburgh an ready tae begin the punishment.

The English marched through the Borders an Lothians destroyin aa that they coud lay hauns on. But o people there were nane, aa haein fled. Neither was the Scots army onywhaur tae be seen.

Wallace was bein canny. He kennt that he maun keep the army intact. If there was nae Scots army then there was nae independence. Wallace coudnae risk aa oor gains on a pitched battle wi a superior enemy force, which is jist whit the English were wantin. Also, a guid general doesnae sacrifice his ain people if he can help it an, mind, the Scots army really was Wallace's people in the maist direct sense. If Wallace's strategy coud force the English tae gae hame haein achieved naethin but burnin doun hooses then King Edward had failed. Scotland woud still be free, still hae a strang army, an woud be in a guid position for negotiatin the return o King John an ithers captured at the battle o Dunbar.

This absence o the enemy caused mony o the English sodgers tae get gey tense an frustrated. Tae mak maitters the waur the ships were unreliable in supplyin the army. The sodgers were gettin hungry, richt hungry. By the time the grand English army was at Kirkliston it was in a bad wey, hungry an demoralised. The Welsh archers in the English army were in the huff wi the English themsels an some fist fechtin had broken oot atween them. King Edward was forced tae consider retreatin tae Edinburgh whaur he woud stert a general withdrawal frae Scotland. Wallace's strategy was workin. Wioot haein tae fecht he was sendin the English hame defeated.

But Wallace wasnae content tae see them gae hame wioot a souvenir o their stey up here. Mibbe an open battle wasnae sensible, but a nicht attack on the English camp? At nicht the English advantages woud be reduced, the archers woud hae nae clear targets an the cavalry coudnae operate at aa.

It was a guid idea. But it was betrayed. Twa Scottish earls, Dunbar an Angus, wha sided wi King Edward, had a spy wha reported the Scottish plans. King Edward tuik his chance tae sort oot his disastrous campaign. If he coud turn the tables on the Scots, mak a surprise march tae their camp an force them tae battle aa micht end weel yet. Wi muckle haste he set aff for the Scots' camp at Falkirk.

His plan foiled an the English nearby, Wallace's options were reduced. The arguments o the hot-heids, wha were aa for flyin richt intae the English, coudnae be resisted noo. They werenae feart, in fact, lots o them woud hae been rarin tae hae a go. They had did the impossible at Stirling, they were confident. Besides, some woud say, if they didnae gie King Edward a dunt noo then he woud be back next year. Here an noo it had tae be decided wha was in charge. There was a sense o resignation aboot Wallace's words tae his army,

"I've led youse tae the ring, dance if ye can!"

It was the 22nd o July, 1298.

Mibbe it wasnae an ideal situation for the smaller

Scots army, but then they were trained, weel motivated an Wallace was their leader. The fower schiltroms o spearmen tuik their places. Let the English cam on!

The battle sterted when the English heavy cavalry charged the Scots spearmen. In seconds the thunder o the gallopin horses becam the crash o metal on metal, the whine o crippled horses, loud an fearfu cries. Ye can imagine the shock o the impact runnin up the shaft o the lang Scots' spears an hear the crack o them splinterin. Some bodies woud slither in a trail o blude aa the wey up the shaft. The battle had been jined. Knichts woud be thrown frae their horses, horses woud collapse sendin groups o spearmen tumblin like skittles. The English cavalry woud hae made a big dent in the Scot's formation, but it held. And then, eftir a struggle, drave the knichts awa. The close approach o the English cavalry tae the position o the Scots cavalry led them tae flee the field. The Scots cavalry, made up almaist completely o nobles and their men, were neer seen again.

Noo, when the English cavalry retreated eftir failin tae brek up the schiltroms, King Edward sent up his archers. Their job was tae shoot doun the schiltroms. This shoud hae been the time that the Scottish cavalry charged intae the archers tae prevent them daein this. But we ken oor cavalry had, by plan or cowardice, betrayed us. Thousans upon thousans o arras poured through the sky and fell on the packed ranks o spearmen. An when the deadly stream finally stopped, the English knichts charged back intae the thinner ranks o the schiltroms.

It was obvious whit woud happen. The certainty o daith woud gie their courage a reckless quality — "We're deid, lads. So sell yer life dear!" Shot wi arras an hacked doun wi cavalry, they focht on tae their bludy end. No aa the nobles fled the field. Some stayed wi the ordinary sodgers an met their fate. The only Scots that we ken by name that deed at Falkirk were these nobles. The names o the coontless ithers are foreer unkennt, but no lost, for they live on in us, their children.

Towards the end Wallace was dragged frae the field greetin wi anger at the betrayal an wi sorrow at the loss. Nae maitter how he felt aboot it, he coudnae be allowed tae dee at Falkirk. Scotland still needed him. Mony ithers escaped how best they coud. Wallace's force was hotly chased by English cavalry. Even here he coud still strike back. We are telt that Sir Brian le Jay an some ither knichts were led intae a bog by the Scots. Whilst they were flounderin aboot Wallace turnt aroun an personally killed le Jay.

But despite these paybacks there was nae denyin that the English had won a tremendous victory ower us. Pleased though King Edward woud hae been wi the victory, it was obvious that the campaign had failed tae meet its objectives. Scotland had no been recaptured, his authority had no been restored an Wallace an his forces were still at large. King Edward was tae discover, as Wallace had done the year afore, that winnin a battle isnae the end o the story.

EFTIR FALKIRK

The days followin Falkirk were
gey dark yins. Woud the country
gae tae King Edward noo?

Wallace maun hae been thrown intae a deep despair,
flashed wi anger an frustration. Mony a strang man
or woman woudnae hae been able tae tak the pressure
o these days followin the battle. Wallace, though, had
tae shak aff these feelins for he had practical things
tae dae.

Ay, the English had gied us a whippin, but oor speirit
hadnae been crushed. The Scottish Resistance hadnae
collapsed. Scots still ran the country. Mair than ever

Wallace's presence was needed tae help us staun firm.

The big question was, whit was King Edward tae dae noo? He had a big army tae feed an pey, he coudnae keep them in Scotland foreer. He coud only hope tae scare the Scots intae surrenderin. Coud he? Woud they? The answer was naw. In fact, the Scottish Resistance got greater ower the camin months.

Weel, if he coudnae win Scotland by force o arms, he woud try a bit o diplomacy. If King Edward coud get Wallace tae surrender wi aa his men an supporters in the Church then shairly the Scottish Resistance woud collapse. Only a few wild men woud be ootside the peace process if Wallace gied in an they coud be easily hunted doun an dispatched.

Sae King Edward offered Wallace his 'peace'. This meant that he woud forgie Wallace for fechtin wi him, an probably gie him a reward tae, gin Wallace woud promise nae tae dae it again an recognise King Edward as his lord. This was an honourable offer an nae mony woud hae been able tae resist the temptation tae baith save face an cam oot o it aa weel aff. Wallace coud hae negotiated a pardon for his men tae, for King Edward coud be generous in victory when it suited him. Wallace an his supporters woud keep their lives an Scotland woud be a region o England. Ye can guess whit Wallace sayd tae the offer. A free Scotland was the only prize he wanted.

When King Edward heard o the rejection he maun

hae kennt that he was dealin wi a different type o man. Ane that stood by his principles through guid an bad, ane that wasnae luikin for a favour, ane that coudnae be bocht wi gowd or titles — a rarity in ony age.

Commoners like Wallace coudnae turn doun offers frae kings, that type o thing wasnae done then. An King Edward especially wasnae a man that coud staun bein turned doun. Wallace kennt this. This insult tae whit the King woud regard as his generosity was eneuch tae rule oot ony peacefu end tae Wallace's story. Syne Wallace coudnae be bocht, King Edward set his sicht on the ither answer tae his Wallace problem — kill him.

Eftir Falkirk Wallace still had the support o the Church an the people, he still had an army even though it was smaller. But things wernae the same. It was time for a change. Wallace decided, or was persuaded, that Scotland's cause woud best be served by him takin on some ither role an leavin the direct runnin o the country tae the nobles. So he resigned his position as Guardian. Three new anes were appointed. They continued the fecht against King Edward.

Had Wallace failed then? Mony have sayd ay, pointin tae the defeat at Falkirk an his resignation later on. But I feel that the answer is a resoundin naw. Ye see, England was too big an rich for Scotland tae win her freedom back wi ae guid simmer's fechtin.

The war woud hae tae be ane o endurance. Success for the Scots woud lie in keepin faith wi their cause, hingin in, rollin wi the punches an camin back frae the big knock doun. In this wey we woud wear the English doun. It is in the nurturin o this speirit an in the practical measures he took tae keep oor struggle alive that we hae tae judge Wallace's success. Scotland didnae faa tae pieces intae King Edward's lap. Even the nobles didnae aa rush tae mak peace wi the English. Wha coud hae done better than Wallace?

Three months eftir Falkirk, King Edward left Scotland. Some castles an touns had been recaptured frae the Scots, but, apairt frae that, there was nae benefit frae his invasion or victory. We were still proud an free.

WALLACE ABROAD

Although a Scot, Wallace would
also hae regarded himsel as a
European.

For nearly a year eftir Falkirk we are no shair whit
Wallace was up tae. An although he wasnae in the
Guardian's hot seat onymair he woud hae been as
busy as he ever was. This was because Scottish
pressure at the Pape's court in Rome tae mak King
Edward release King John was mountin. There was
a chance that some deal coud be done that allowed
King John tae return tae Scotland. Sic a deal
depended on Scottish unity.

Mibbe Wallace was yaisin his still considerable prestige an followin tae try tae unite the Scottish factions ahint King John when he was released.

Ye micht think in this time that Wallace woud hae been hell bent on punishin the yins responsible for the desertion o the Scottish cavalry at Falkirk. But whiteer happened at Falkirk Wallace woud hae tae live wi it. He woudnae want tae risk stirrin up a civil war. It was necessary tae keep freens wi aa the nobles for political an military reasons. Shair Wallace coud bring a Scots army intae the field, but withoot reliable cavalry it woud get shot doun by the archers jist like at Falkirk. It was the nobles that controlled the cavalry. It was them that controlled King John's destiny. Wallace's best bet for a free Scotland wi her ain king returned woud be tae maintain his independent force in battle readiness an keep in wi the nobles warkin for King John's return. Even though they wernae aa reliable in Scotland's cause things jist coudnae be done withoot the nobles.

The Vatican arranged King John's release in summer 1299. But he wasnae free tae cam back tae Scotland. Scotland was still free o English domination, but the situation wi the Guardians was very tense an uncertain. In fact, twa o the Guardians, Bruce an Comyn, baith contenders for King John's empty throne, had been brawlin wi each ither at a meetin in Peebles.

It was a delicate time an Scotland needed as mony freens abroad as it coud get. Freens that coud provide money for the army, provisions an weapons, political support, an put diplomatic pressure on King Edward.

The job o findin this coud only be gied tae yin man, Wallace. Jist aroon the time o King John's release, Wallace left for the Continent wi the fu support o the Guardians, the Church an people. He was gaein tae be awa for some time, at least a year. We can be shair that this maun hae pleased quite a few inside Scotland as weel as some obvious people ootside it.

In Wallace's day the connection tae Europe was strang and Wallace himsel woud hae thocht o himsel as a European an a Scot. He woud hae been excited at the prospect o visitin the cultural centre o his warld and seein the large an prosperous cities he woud hae heard merchants and bishops speak o syne the days o his bairnhood. In the Scotland o his day there were mony faimly ties tae France, Holland and Flanders an this woud hae added extra interest tae his journeys. He woud hae seen great riches that would hae made his een pop. He woud hae been feted an dined by kings an barons an bishops. He woud hae been treated wi the utmaist sympathy and respect. But at the same time, there was aye the danger o an assassin's dagger or a treacherous host seekin favour or reward frae King Edward.

Warst o aa, Wallace woud hae foun that aa the

kind words coonted for naethin. Scotland woud hae tae struggle alane against England. France woud help, but only when it suited the French. Tae say this isnae tae blame the French — they were sincere in their desire tae help oor cause. But they too were faced wi a debilitatin war against England. An the reality was that Scotland was jist a pawn in the big struggle atween England and France. An Scotland micht be saved or sacrificed as it suited them.

Wallace cam back hame a wiser an sadder man. He kennt noo that there was nae wey o endin the war except by grimly fechtin on an on an on. An gradually grindin doun King Edward's desire tae haud Scotland. The spillin o English blude was the only answer tae oor problem. It woud be a war in whilk ilka-ane woud lose.

Wallace micht hae returned by the summer o 1301 an tuik pairt in Bruce's campaign tae clear the English frae the South-West o Scotland. He micht hae tuik pairt in the battle at Roslin on February 24th, 1303 in which the Scots surprised a large English force an sairly punished it. But the first definite knowledge we hae o his presence back hame is in June 1303 when he tuik pairt in a minor campaign in South-West Scotland an Cumberland that was designed tae divert the English frae their ain campaign in Scotland by sendin troops tae defend these areas. It didnae work an King Edward had his maist successfu campaign ever. We were jist too wee tae win against England, Europe's michtiest natioun.

The Scots were in a sarry state noo. In the five years eftir Falkirk, Scotland, under various noble Guardians had continued the fecht bravely, but wi the failure tae get their King back, real support frae abroad an the lack o an oweraa leader they were runnin oot o steam.

Then cam the big blow. In May 1303 the English signed a peace treaty wi oor allies the French. We were truely on oor lane noo. King Edward woud be able tae bring back frae France aa the tough sodgers that had been fechtin there. He woud noo be able tae crush Scotland. Mair an mair people were realisin that aa the years o failure had hardened his determination tae rule Scotland. For the Scots nobles, they noo kennt that they were in a situation in whilk they either surrendered or lost everything. The English king had finally worn them doun. He woud hae Scotland or he woud totally destroy it.

In the end whit the Scots wanted didnae maitter. Ye have tae mak peace wi the victor. A general surrender was finally agreed on 9th February, 1304. King Edward had Scotland in his pocket. The people that refused tae surrender were declared traitours tae Scotland an its lawfu ruler, King Edward o England. An chief o the traitours, in the king's buke, was William Wallace.

Scots speak aboot their future

THE HARD YEAR

If ever Wallace needed courage
it was noo.

Wi aa aroun ye capitulatin or captured or deid it woud
tak iron will tae hing on tae yer beliefs. Wallace was
sic a man. Like his adversary King Edward, he was
the sort o man wha kept on gaein until it was aa ower.
This was a time tae be flexible, tae nod your heid an
smile an keep your ain plans in the dark. Wallace
had ower much pride tae dae this. Mony woud regard
his staun as jist pig heided — ye can see that their
point o view is a valid yin.

Wallace still had the people ahint him an the Church tae, but the real pooer noo lay wi the nobles wha, yince again, were caain canny. Secret plans were definitely bein plotted, but they woud sit on ice until the richt moment. Ye hae tae mind that ilka person had their ain idea o whit was best for Scotland an the best wey tae win it. In the fecht for Scotland's freedom it's no aye possible tae point the finger an say richt or wrang. Wallace was oor great patriot, but that doesnae mean he was aye richt or that ilka body had tae agree wi him. Wallace's constant warfare approach jist didnae work wi a man like King Edward. Ye had tae mak compromises, ye had tae accept that King John's hopes were finished. The nobles were able tae accept the reality o Scotland's situation, but Wallace an his freens coudnae.

There cams a time for aa leaders when they are rejected. Wallace was nae exception. The qualities that made him great were seen as impediments tae the progress o the cause. Times changed. The hard man, the iron will, the inspirin leader o 1297 was no the richt leader for the mair flexible times that followed. Wallace was no a flexible man.

He was noo a wantit outlaw wi a price on his heid. Abune aa the ither 'rebels' King Edward wantit Wallace. Aa sorts o people were eftir him, frae ruthless bounty hunters tae auld freens that had been held tae ransom. Wallace had already had a couple o close escapes frae capture or assassination. An mony woud hae rued the day they set oot wi Wallace's heid as their aim.

By late 1304 the pressure was on. Gangs were scourin the country wi the sole object o gettin him. A couple o times they cam near tae it. Wallace, though, hadnae lost his skill wi the sword nor his instinct for survival. Although Wallace still coud command a big hird, this woud only draw attention tae himsel. He woud best stey free travellin alane or wi a few companions. Sometimes he woud hae tae live rough, ither times he woud stey wi auld freens an supporters. This woud be a time when his haun woud aye be on his dirk.

Every place a trap, everyane a possible traitour, roun every corner an ambush. It maun hae been a gey tired Wallace that was finally captured by the Scottish knicht Sir John Menteith at Robroystoun near Glasgow on 3rd o August 1305. Whit he was daein there, we dinnae ken. Wha was wi him, we dinnae ken. Whit the documents that he had wi him contained, we dinnae ken.

Tae prevent ony rescue he was immediately whisked aff tae England, arrivin in London on August 22nd. The next day he was taken tae hear o the crimes he had committed against England an her king. Wallace's only recorded words during the trial were tae forcefully deny that he was a traitour tae Scotland or tae King Edward for he had neer sworn ony loyalty tae him. Nae difference this made. Wallace was tellt his sentence. He woudnae hae been surprised at it.

We can imagine him hearin o his fearfu fate wi a brave face. He was tae be hanged, disembowelled, beheided an cut intae quarters that were gaein tae be sent aa ower the country as a warnin tae ony ithers wha micht think o rebellin.

Wallace was dragged through the streets o London thranged wi jeerin crowds an faced his terrible daith wi the dignity befittin a hero. Blind Harry tells us that Wallace had a request — that at the moment o daith he be allowed tae read his auld prayer buke. This was granted tae him by Clifford, an auld English sodger and rival frae the war. He was executed wi his een fixed on the buke held afore him by a priest.

Wallace's chapped aff limbs were sent tae Scotland. But King Edward's warnin didnae work an the year wasnae oot afore Robert Bruce made himsel King o Scotland an raised anither rebellion. A rebellion that eftir lang hard years o campaigns, battles, hardship an courage wrestled back oor independence.

OOR MAN

The story doesnae end wi
Wallace's execution, jist the first
pairt o it.

Wallace showed what we coud dae if we kept faith wi
oor vision o Scotland free an were prepared, ilka ane
o us, tae face the consequences o that belief. His
message tae us is that oor destiny as a people lies in
oor ain hauns.

It's easy tae believe in things that dinnae maitter.
But whit maks us different is the ability tae staun up
for things we ken tae be true even though we will hae
tae tak a dunt for it. Sic a people were oor ancestors.

They proved, despite whit some historians have believed, that people then did care aboot their country an its richt tae independence. But that richt had tae be won frae England an against the hardest o English kings. An victory coud only be achieved by a tremendous unity an sacrifice o aa the people in Scotland regardless o their wealth, title or job.

In oor dark days it was Wallace wha cam forrit. Wallace believed in oor country an its people an their freedom. He put himsel on the line for it, for us. He's deid, but his story doesnae end there an neither does oors. For we carry aa that pain an courage in oor heids an in oor herts. As lang as we live, as lang as Scotland is still searchin for freedom, Wallace is wi us in oor heids an aye true in oor herts.

GLOSSARY

muckle	much
fowk	folk
fecht	fight
haill	whole
ken	know

SCOTLAND THEN

hauns	hands
weans	children
toun	town
kye	cattle
muir	moor
shaw	wood
shair	sure
thocht	thought
feart	afraid

YOUNG DAYS

yaised	used
ahint	behind

speirit	spirit
pooer	power
luik	look
dirk	dagger
aheid	ahead
bairn	child
sodgers	soldiers
feartie	someone who's afraid
staun	stand
freen	friend
clyp	smack
maun	must

THE STERT O IT AA

brocht	brought
naewhaur	nowhere
erms	arms
nicht	night
thrie	three
eneuch	enough

93

mairry	marry
nocht	nothing
pooerfu	powerful
whilk	which
maister	master
crouned	crowned
haunners	help
siek	sick
sair	sore
hauf	half
sarry	sorry
gang	go
twa	two
knichts	knights

WALLACE ARRIVES

chibbed	struck with a knife
hird	followers
grue	wave of fear
sterrs	stairs
wummin	women

A TOUGH MAN

een	eye(s)
cauld	cold
bouffin	stinking
stoor	dust
glaur	mud

cam-uppance	just deserts
prufe	proof
sma	small
jine	join
gemme	game

THE NOBLES

loup forrit	leap forward
scunnerit	disgusted

STIRLING BRIG

brae	hill
dubs	muddy pools
wecht	weight
droont	drowned
stramash	a fearful commotion
syne	since
fairin	suitable punishment

INTAE ENGLAND

ettlin	eager
sanct	saint
gey	very
bickerin	needless argument

held their wheest
    kept a discreet silence

IN POOER

canny	careful
thrawn	stubborn
richt	right
pey	pay
pally	friendly
lowe	blazing fire
sporran	pouch
gowd	gold
siller	silver
blether	idle chat

THE BATTLE O FALKIRK

schiltrom	massed body of spearmen
the waur	worse off
dunt	blow
tuik	took

EFTIR FALKIRK

simmer	summer

WALLACE ABROAD

sic	such
oweraa	overall
on oor lane	on our own
buke	book

THE HARD YEAR

caain canny	beingcareful
ilka	each

Other books planned in this series include,
from the past:
Robert the Bruce
Macbeth
Mary of Guise
Fanny Wright
Colonel Anne Farquharson;
and others from contemporary Scotland.